Die verlorene Pinsel

Eine Geschichte von Sabine von der Decken
mit Bildern von Catherine Ionescu

Vor Ostern haben Osterhasen jede Menge zu tun. Besonders Hannes. Er hat immer so viele Ideen, was er basteln könnte. Und er findet ständig so schöne Sachen, die er unbedingt aufbewahren muss.

Inzwischen sind alle Osterhasen schon ganz aufgeregt, denn morgen soll das große Eieranmalen beginnen. Sie räumen ihre Arbeitstische auf, legen die Pinsel zurecht und mischen frische Farben an.

Nur Hannes ist noch nicht so weit. Sein ganzer Tisch liegt voller wunderschöner Fundsachen: Eine besonders hübsche Kastanie liegt neben kunterbuntem Schokoladenpapier. Muscheln vom Strand liegen zwischen Stöckchen und Steinen. Dazwischen entdeckt Hannes sogar die blau geringelte Socke, die er so lange gesucht hat!

Aber wo, verflixt noch mal, sind seine Pinsel?
Hannes sucht unter dem Tisch, guckt in seine
Gummistiefel und schaut hinter das Sofakissen.

Die Pinsel bleiben verschwunden. Vielleicht können ja seine Freunde helfen? Kuh Kriemhild, Eichhörnchen Erik und Katze Kiesewetter wissen meistens einen Rat. Hannes läuft sofort los.

Kuh Kriemhild hat auch gleich eine Idee: »Wir basteln dir einfach einen Pinsel!« Für einen Pinsel braucht man zuerst einen Stiel. Eichhörnchen Erik findet einen kleinen Stock. Das war einfach. Dann binden sie trockene Gräser um das eine Ende. Jetzt sieht das Gerät schon fast wie ein richtiger Pinsel aus.

»Ich will den Pinsel gleich mal ausprobieren!«, meint Hannes und rührt eine neue Farbe an. Nicht nach Rezept, sondern ganz nach Gefühl und mit viel Schwung. In die Farbe taucht er den neuen Pinsel. Aber der Pinsel ist nicht nur viel zu groß, sondern verliert schon beim ersten Strich seine Haare.

»Wir brauchen richtige Haare für den Pinsel«, findet Katze Kiesewetter. Sie fragt den Dachs, ob er ihnen ein paar Haare schenkt. Aber der ist schlecht gelaunt, weil er gerade erst aus der Winterruhe erwacht ist. Das Kaninchen erschrickt so sehr, dass es schnell weghoppelt. Und auch der Fuchs will kein einziges Haar hergeben.

Auch Erik, Kriemhild und Kiesewetter wollen ihre Haare lieber behalten. Schließlich ist es draußen noch ziemlich kalt. Aber was nun? Katze Kiesewetter denkt angestrengt nach und wackelt dabei vor lauter Konzentration mit der Schwanzspitze. Die ist aber mit Farbe bekleckert ...

»Das ist es!«, ruft Hannes. Alle tauchen ihre Schwanzspitzen in die Farbtöpfe.

Mit ihren Schwanzspitzen malen Hannes und seine Freunde die buntesten und fröhlichsten Ostereier, die man je gesehen hat.

Am Ende sind nicht nur die Ostereier leuchtend bunt: auch Hannes, Erik, Kiesewetter und Kriemhild würden gut ins Osternest passen ...